D1726017

Edith Kohlbach

Die wundersame Reise des Kamels Ali nach Marokko

Zweite Reise

Ali the Camel's incredible journey to Morocco

Second voyage

Le voyage fantastique d´Ali le chameau vers le Maroc

Deuxième voyage

Edith-Kohlbach-Reisebücher

Text, Fotos und Layout: Edith Kohlbach

1. Auflage 2013
© 2013 Edith-Kohlbach-Reisebücher, Taunusstein

www.mobilunterwegs.eu
info@kohlbach.org

ISBN 978-3-941015-14-2

Alte Freunde, neue Freunde

Old friends, new friends

Vieux amis, nouveaux amis

Was bisher geschah ...

the story so far ...

l'histoire jusqu'ici ...

Im Jahr 2006 fuhr Ali, der in Tunesien geboren wurde, und schon als junges Kamel zur kleinen Zoe nach Deutschland kam, zum ersten Mal mit der Großmutter Edith nach Marokko, um dort seine Kamelbrüder in der Wüste zu treffen.

Lange, lange musste er suchen, viele Abenteuer bestehen, bis er sie endlich fand.

Dann fuhr er wieder heim zu seiner Zoe und sie lebten glücklich zusammen.

Ali, who was born in Tunisia, came as a young camel to Germany to live with Little Zoe. In 2006, Ali travelled for the first time to Morocco with Grandmother Edith in order to meet his camel brothers and sisters in the desert.

After a long exhaustive search, during which he experienced many adventures, he finally found his brothers and sisters.

Then he travelled back home to his Little Zoe and they lived happily together in Germany.

En 2006, Ali, né en Tunisie, venu comme jeune chameau chez la petite Zoe en Allemagne, est partie pour la première fois avec la grand-mère Edith au Maroc pour retrouver ses frères dans le désert.

Après de longues recherches et de nombreuses aventures, il a finalement réussi à retrouver ses frères et sœurs.

Satisfait, il rentra retrouver sa Zoe et ils vécurent heureux ensemble.

Sechs Jahre später -

Zoe ist schon ein großes Mädchen - will Edith wieder nach Marokko fahren und denkt an ihren kleinen Reisebegleiter, mit dem sie so schöne Stunden erlebt hat. Wie wunderbar wäre es doch, mal wieder mit ihm zusammen Marokko neu zu entdecken, die Kamelbrüder und Freunde von damals zu besuchen. Sie fährt zu Zoe, doch wie Ali damals mit den Kamelen, Zoe sucht und sucht, kein Ali ist zu finden.

Sie steigen hinab in den tiefen Keller, wo Zoe viele alte Spielsachen untergebracht hat. Und ganz unten, tief aus einer Kiste kommend, hören sie ein leises Wimmern.

„Edith, Edith, bist du das? Bitte komm und rette mich. Zoe hat mich in eine Kiste gesteckt. Bitte hol mich hier raus.“

Six years later

Zoe is now a big girl. Edith wants to travel to Morocco again, and she is thinking about her little travel companion. During their first trip she had spent such a good time with Ali. Wouldn't it be nice to go back to Morocco once again and to discover new regions together with the little camel. They could visit the other camels again. She goes to see Zoe and asks her about Ali. She tells Zoe how much Ali has liked his time together with the other camels. She looks around but cannot see Ali. She looks in every corner of Zoe's room, but Ali is not there.

Finally, they climb down into the basement, where Zoe stores her old toys. And there, deep inside a big box, they can hear some noise. It is a little voice, crying and shouting: „Edith, Edith, is this you? Please come here and save me. Please get me out of here!“

Six ans plus tard

Zoe a grandi. C'est bientôt une jeune fille. Edith souhaite retourner au Maroc et pense affectueusement à son petit ami avec lequel elle a partagé de si joyeux moments. Ah, quel plaisir serait-ce de redécouvrir le Maroc avec lui. Si vite pensé, si vite fait, elle se rend chez Zoe. Elle cherche, elle cherche, mais impossible de retrouver Ali dans la chambre de Zoe.

Ils descendent dans la cave où se trouvent les nombreux jouets de Zoe. Une plainte à peine audible leur parvient d'une caisse tout au fond de la cave.

„Edith, Edith, est-ce bien toi ? Viens, viens vite. Sauve-moi. Zoe m'a jeté dans une caisse. Viens. Sauve-moi.“

Ach, wie froh war Ali, dass er wieder mit Oma Edith auf die große Reise gehen konnte. Sie nahmen wieder das herrliche Schiff und Ali wurde diesmal nicht in einen Käfig gesperrt, sondern bekam eine Kabine mit großem Bett.

Ali is very happy to go again on a big trip together with Granny Edith. They cross the Mediterranean Sea on the ferry boat again. This time Ali gets a comfortable cabin with a big bed.

Ah quel plaisir de retrouver la route pour un grand voyage avec Grand-mère Edith. Ils prirent à nouveau ce grand bateau si merveilleux. Mais cette fois-ci, Ali ne fait le voyage dans une cage mais au contraire, dans une belle cabine avec un très grand lit douillet.

Auf dem Weg zu Marokkos Süden fanden sie diese großen Steine, was das wohl sein mag?

On their way to the south they found these big stones. What are they supposed to be?

En route vers le sud du Maroc, ils trouvent ces grandes p...
Mais qu'est ce que ça pourrait bien être ?

Cromlech M'Soura

Rabat

So kamen sie nach Rabat, der Hauptstadt von Marokko. Hier hatte Ali beim letzten Mal so nette Freunde getroffen, ob er die vielleicht wiederfindet?

They arrive in Rabat, the capital of Morocco. Here Ali made good friends before. Will he be able to meet with them again?

Ils arrivent à Rabat, la capitale du Maroc. C'était bien dans cette ville que Ali s'était fait de nombreux amis. Peut être arrivera t-il à les retrouver ?

Ja, sie waren alle da, die Katzen des Marabut und der freundliche Wächter des Mausoleums von König Mohammed V

Yes, they are all there: the cats of the Marabout and the friendly soldier of the mausoleum of King Mohammed V.

Oui, ils étaient tous là, les chats du marabout et le si gentil gardien du mausolée du roi Mohammed V.

Doch weiter ging es, den Kamelen entgegen. Sie fanden Ziegen, die in Bäume klettern, um Arganien zu fressen, aber Kamele … leider noch nicht!

But they had to continue, on the way to find the camels. They found goats climbing trees to eat argan fruit, but camels … there were none to be found!

Mais il faut reprendre la route car Ali veut trouver ses chameaux. Ils aperçoivent des chèvres grimpant dans les arbres pour manger les amandons de l'arganier dont elles rafolent.

Des chameaux par contre, point. Pour le moment du moins.

Aus diesen Kernen machen die Frauen das köstliche Argan-Öl.

From the argan seeds the women produce a delicious oil.

Les femmes en tirent d'ailleurs une huile formidable, la fameuse huile d'argane.

COL DU TICHKA
ALT. 2260

ALTITUDE
ROUTE CONSTRUITE PAR LE SERVICE
DES TRAVAUX PUBLICS DU MAROC
AVEC LE CONCOURS DU SERVICE DES RENSEIGNEMENTS
ET DU 4° RGT ETRANGER D'INFANTERIE
1925-1939
MM JOYANT DIRECTEUR GENERAL
DELANDE INGENIEUR EN CHEF
MARTIN INGENIEUR ORDINAIRE
BULLE INGENIEUR ADJOINT
CAPITAINE HONDET LIEUTENANT PAULIN
DU SERVICE DES RENSEIGNEMENTS
LIEUTENANT OLIVE DU 4°REI

*Und dann ging es über die
mächtigen, schneebedeckten Berge
des Hohen Atlas …*

*Then they cross the enormous, snow
covered mountains of the High
Atlas on the road to*

*Sur la route de Telouet apparaissent
les sommets majestueux recouverts
de neige du Haut Atlas*

… nach Telouet. So ein herrliches Schloss, wie gerne würde Ali hier wohnen. Aber Mohammed schenkt ihm zum Trost diesen wunderschönen Kamelteppich. Ali fragte: „ Ist das ein fliegender Teppich?

… Telouet. Such a beautiful castle. How much would Ali like to live here forever. Mohammed gives him a beautiful carpet with a little camel pictured on it to make him happy. It might even be a flying carpet. One never knows.

Quelle merveille. Ah, Ali aimerait si bien vivre dans un tel palais. Pour le consoler, Mohammed lui offre ce très beau tapis pour chameau. Qui sait, peut être un tapis volant.

Auf ihrer Suche kamen sie nach Ait Benhaddou. Doch die Kamele, wo sind sie nur?

During their journey they came to Ait Benhaddou. But there are no camels. Where are they?

Ils poursuivent leur route jusqu'à Ait Benhaddou. De chameaux point. Où sont-ils ?

Nach dieser anstrengenden, vergeblichen Suche musste sich Ali ein paar Tage ausruhen, Agadir war da genau richtig.

After this exhausting and vain search Ali was tired and needed some rest. Agadir was perfect.

Après cette quête si éreintante, Ali doit se reposer quelques jours. Quoi de mieux que Agadir.

Er sonnte sich am Strand und wurde hungrig. Er fand ein tolles Restaurant, voller Kamele. Ali war begeistert. Oma Edith erzählte ihm lieber nicht, was man hier essen kann, und zog ihn schnell weiter.

He enjoyed the sun, but then got hungry. He found a nice restaurant full of camels and get very very happy. But Edith pulled him away at once, and she did not want to explain to him, what kind of food they serve.

Plages, soleil, ah quelle détente. Mais une petite faim le mène à la recherche d'un restaurant. Surprise. Voilà un restaurant plein de chameaux. Ali était au comble du bonheur. Mais grand-mère Edith l'entraîne vivement et renonce sciemment à lui expliquer les plats.

Der Süden, der Süden, der weite Süden. Und dann endlich: die ersten Kamele.

Now, they finally wanted to go south. "When will I see my first camels? sighed a weary Ali. And then … here they are.

TAN TAN 120 طانطان
LAAYOUNE 440 العيون
DAKHLA 1000 الداخلة

RN 1

Le Sud, le Sud, le grand Sud, voilà où ils doivent aller. À juste titre. Les premiers chameaux en sont la récompense.

In Guelmim war gerade Markt.
Vorsicht, mein Lieber, hier
werden auch Kamele verkauft.

In Guelmim there was the
weekly souk. But be careful,
Ali, they sell camels here.

À Guelmim, c'est le jour du
marché. Mais attention, on y
vend des chameaux.

Was haben die beiden hier nur zu flüstern?

What secrets are they whispering?

Mais que signifient ces messes basses?

Oh, Oh, wenn Ali nicht aufpasst, wird er doch noch verkauft.

Watch out Ali! They might try to sell you.

Oh, si Ali ne fait pas attention, il sera encore vendu.

Da zog sich Ali lieber in ein schönes Zelt zurück und träumte von seinem Freund Abdou in der Wüste, der hat so viele Kamele. „Wann sind wir denn endlich da?", fragte er ständig.

Ali preferred to have a short rest in this beautiful little tent and to dream of his friend Abdou, the one with all the camels. Often he asks: "When will we be there?"

Et à Ali de gagner une belle tente pour y rêver de son ami Abdou avec les chameaux dans le désert. „Quand on va arriver?"

An den kalten Abenden der Sahara wärmte er sich am Feuer.

In the cold Sahara nights he warmed himself at the fire.

Les nuits froides du Sahara, il se chauffait près du feu.

Immer weiter fuhren sie durch den Anti-Atlas.

They continued their trip through the Anti-Atlas.

La route les mène à travers l'Anti-Atlas.

Zwischendurch erfrischten sie sich mit leckerem Pfefferminztee. Wo sind nur die Kamele?

During the trip, they have refreshments of delicious mint tea. But – where are the camels?

Avec quelques pauses agrémentées d'un si bon thé à la menthe. Mais où sont donc bien les chameaux?

Und dann trafen sie in Mguid den freundlichen Dorfchef. Er hatte viel Spaß an Alis Buch.

In Mguid they met the friendly chief of the village. He had enjoyed Ali's first book very much.

À Mguid, ils font connaissance du si aimable chef du village. Ah quel plaisir il avait avec le livre de Ali.

Seine Frau webte einen Teppich für Ali,

His wife was weaving a carpet for Ali,

Sa femme tisse immédiatement un tapis pour Ali,

und die Tochter kochte das Mittagessen.

and his daughter prepared the lunch for him.

et la fille prépare le déjeuner.

In Tissint schaute Ali mal wieder nach Kamelen … und wurde wieder enttäuscht.

In Tissint Ali opened his eyes wide in search of … camels. Once again he was disappointed and sad.

À Tissint, Ali part à nouveau à la recherche des chameaux…. En vain. Quelle déception.

Aber eine nette Nomadenfamilie lud ihn zum Trost ein in ihr Zelt in der Weite der Wüste, und die Schäfchen waren so mollig weich.

Along the road, the tent of a nomad family appeared. The friendly family invited him into their tent. Ali loved the soft wool of the sheep.

Mais une gentille famille de nomades l'invite dans sa grande tente plantée dans ce désert sans fin. Ah que ces moutons sont si doux.

So viel heiße Wüste macht Ali durstig, und die Oma Edith hungrig.

Travelling so much through the hot desert makes Ali thirsty and Granny Edith hungry.

Cette chaleur du désert rend Ali assoiffé et grand-mère Edith affamée.

Dann trinken sie Tee bei Thomas, der schon lange in Marokko lebt. Seine Nomadenfamilie ist begeistert von Alis Buch.

They had tea with Thomas, who lives in Morocco since many years. And his nomad family loved to see Ali's book.

Allons prendre un thé chez Thomas, depuis si longtemps au Maroc. Sa famille de nomades est enthousiasmée par le livre.

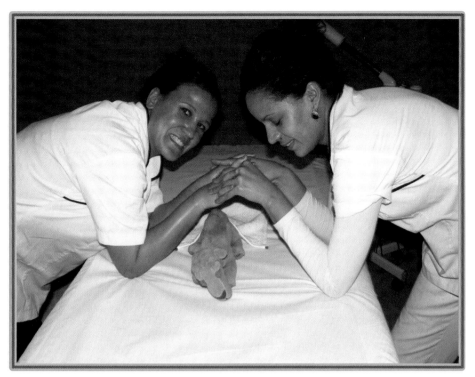

Puh, nach so viel sandiger Wüste musste Ali mal zur Entspannung in die Hammam, und die zwei Mädels gaben sich viel Mühe mit ihm.

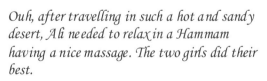

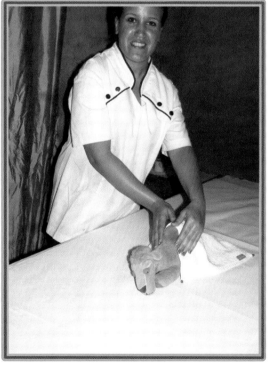

Ouh, after travelling in such a hot and sandy desert, Ali needed to relax in a Hammam having a nice massage. The two girls did their best.

Ouh, après tant de sable, Ali doit se détendre dans un hammam. Les deux jeunes filles se donnent beaucoup de peine.

Kurz vor Mhamid war gerade ein Markt, mhm, wie herrlich die Gewürze und Rosenblätter riechen.

Near Mhamid there was the weekly souk, mhm, how wonderful the spices and rose petals smell.

Peu avant Mhamid, un marché. Que les pétales de rose et les épices sentent bon.

Ali besuchte eine Schule in Ouled Driss, die Mädels hatten sich extra schick gemacht für ihn.

Ali visited a school in Ouled Driss. The schoolgirls put on their best outfit.

Ali visite une école à Ouled Driss. Les filles ont mis leurs plus beaux habits pour lui.

Café
Fata
Morgana

Am Abend ging es zum Tee ins Café Fata Morgana. Die Jungs luden Ali sofort zum Mittrommeln ein. Das machte so viel Spaß, dass Ali ganz die Suche nach den Kamelen vergaß.

In the evening Ali went for tea in the café Fata Morgana. They boys invited him to play the tamtam. This was so much fun, that Ali forgot all about the camels.

Le soir, il prend un thé au café Fata Morgana. Les jeunes l'ont immédiatement invité à jouer avec. Tant de plaisir lui fait presque oublier ses chameaux.

Kasbah Sahara Services
Mhamid

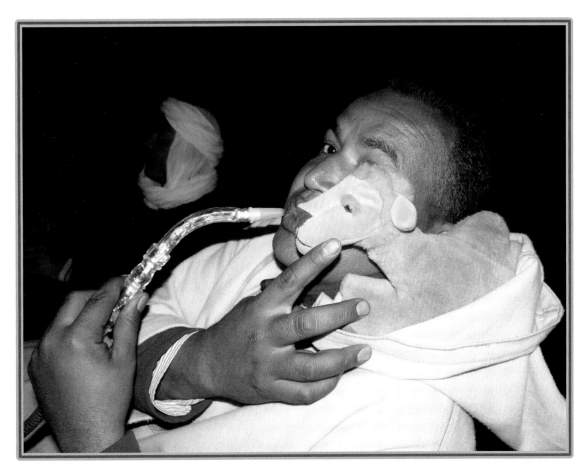

Und endlich, endlich, trafen Ali und Edith in Mhamid ein, und alle Freunde warteten schon.

Abdou war da und Isolde, und vor allem Hassan, der beste Chauffeur in der weiten Sahara. „Ach so!"

And finally they arrived in Mhamid. There, all all their friends were waiting: Abdou was there, and Isolde, and especially Hassan, the best 4x4-driver in the vast Sahara desert. His favourite words are: "Ach so!"

Et enfin, enfin, Ali et Edith arrivent à Mhamid. Tous ses amis l'attendent déjà.

Abdou est là. Isolde est là et surtout Hassan, le meilleur chauffeur du Sahara. Son mot favorisé: „Ach so!"

Ali zu Ehren wurde ein großes Fest veranstaltet und er tanzte die ganze Nacht.

In honor of Ali they organized a fantastic party, and Ali danced all night long.

Une grande fête est organisée en l'honneur de Ali.

Am Morgen ging es dann endlich hinaus in die Wüste, wo die Kamele wohnen.

Lecker, lecker, Ruccola. Das lieben alle Kamele.

Next morning they started early to visit the desert. Where are the camels?

Mhm, this is good, camels love ruccola.

Le lendemain, tôt, enfin la route pour le grand désert où habitent les chameaux.

Quelle est bonne cette rouquette. Tous les chameaux l'aiment.

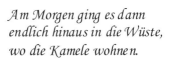

Die weiten Dünen des Erg Chegaga, das ist Alis Welt.

Here are the vast dunes of Erg Chegaga. This is Ali's world, here he feels comfortable.

Les dunes impressionnantes du Erg Chegaga. Voilà où Ali se sent chez soi.

Und dort traf Ali dann sein Traummädchen, ist sie nicht hübsch?

And then Ali met the girl of his dreams. Isn't she beautiful?

Et c'est bien là qu'il rencontre la fille de ses rêves. N'est-elle pas belle ?

Abdou hat es Ali richtig gemütlich gemacht in seinem Wüstenbiwak.

Abdou prepares his bivouac so Ali can make himself very comfortable.

Abdou a aménagé un lit confortable à Ali dans son bivouac en plein milieu du désert.

Und natürlich muss auch hier wieder gefeiert werden.

And of course there is a party again.

Et bien sûr, il faut faire la fête.

Doch langsam müssen die Beiden wieder nach Hause fahren und sie passieren die Dades-Schlucht

But slowly they had to think of going home again, and they headed back through the Dades canyon.

Lentement mais inexorablement, le jour du départ s'approche. Ils retournent par la gorge du Dades.

Cascades d'Ouzoud

Ali denkt noch einmal an seine vielen Freunde, die er auf dieser Reise gefunden hat. Der Pfau war sehr beeindruckend.

Ali dreamed again of the many friends that he had found on this trip. The peacock was very impressive ...

Ali se rappelle de tous ses nouveaux amis. Le paon était impressionnant.

Aber gekuschelt hat er doch lieber mit den kleinen Kätzchen.

But he prefered to play with the little cats.

Il préfère néanmoins jouer avec les petits chats.

Zurück in Deutschland will Ali nicht mehr zurück zu Zoe gehen; er hat Angst, dass er wieder in einer Kiste im Keller leben muss. Daher beantragt er Asyl bei Oma Edith, will mit ihr leben, aber Zoe darf gerne zu Besuch kommen und vielleicht auch mal mit ihm nach Marokko fahren.

Back in Germany, Ali don't want to go back to Zoe. He is afraid he has to go down to the basement and live in a closed box again. He wants to stay with Grandmother Edith, so he asks for asylum.

De retour en Allemagne, Ali ne veut plus retourner dans la cave. Il demande l'asile chez sa grand-mère Edith. Mais Zoe peut rendre visite à Ali chez sa Grand-mère Edith.

Doch in Ediths Wohnung wartet eine ganz große Überraschung auf Ali:

But in Edith's place a big surprise is waiting for him:

Mais une grande surprise l'attend dans l'appartement de Edith:

Kushi, eine junge Kameldame aus der Mongolei, wartete ungeduldig auf Ali. Sie war wunderschön, die langen, seidigen Haare, die glutvollen Augen und mit zwei Höckern. Genau wie Ali.

Kushi bedeutet Frohes Leben. Alis Herz entbrannte sofort vor Liebe für sie, und vorläufig will er nicht mehr auf große Reisen gehen. Zumindest nicht, bevor Oma Edith wieder das Reisefieber packt, und dann kommt Kushi vielleicht mit.

Kushi, a young camel girl from Mongolia is anxiously waiting there. With her long silky hair, the beautiful eyes, and two bumps on the back, she looks so beautiful. Just like Ali.

Kushi means Living Happily. Ali's heart breaks at once. He is so much in love with Kushi that he does not want to go on a long trip ever. At least not until Granny Edith gets the travel fever again. And then, maybe Kushi will be joining them.

Kushi, une jeune chamelle de Mongolie, attend impatiemment. Quelle est belle avec ses longs cheveux soyeux, ses yeux merveilleux et ses deux bosses comme Ali.

Kushi veut dire Vivre heureux. Elle a immédiatement conquis le cœur de Ali qui ne pense plus un seul instant aux grands voyages, du moins tant que la passion des voyages ne s'est pas emparée de Grand-mère Edith. Et peut être alors Kushi les accompagnera.

Ende

… und wenn sie nicht gestorben sind, dann leben sie noch heute!

The End

The story and adventures of Ali and Granny Edith lives on to this very day!

Et s' ils ne se sont pas réveillés, eh bien ils dorment encore!

Fin